이월호 제2시집

채운재 시선 183

문득 그리움

이월호 제2시집

순간 네가 보고 싶은 걸 보니 그대 섬섬히 사랑 오나 봐
가장 먼저 떠 오르는 얼굴 일렁이는 그 무엇에 갇히고
문득, 오늘 너에게로 물들고 싶어

인사말

계절에 태어난
여린 들꽃을 사랑합니다.

계절의 가장자리에 서성이다가
바람의 언어를 듣고 싶어지던 날
문득 하늘을 보며 주운 낱말들
작은 가슴 서랍장 속에 묻었다가
살그머니 꺼내 봅니다.

또 한 번
어설픈 점 하나 찍어놓고
많이도 설레는
두려운 행복으로 마주합니다.

귀한 인연의 그대!
님, 오늘도 감사합니다.

        2024년 어느 들꽃 앞에서
                        이 월 호

차례

인사말 … 5

1부
산수유 쿠데타

뱅뱅 … 12
나의 파랑새 … 13
달무리 사랑 … 14
나 꽃이야 … 16
동백꽃 연인 … 17
봄밤 … 18
목련이 피는데 … 19
우수에 부는 바람 … 20
오가는 계절에 … 21
부탁입니다 … 22
세월의 흔적 … 24
산수유 쿠데타 … 26
말랑말랑한 사랑 … 27
홍매 춘정 … 28
봄 … 29
봄비의 노래 … 30
어설픈 봄에 … 31
둘이서 … 32
봄맞이 … 33
지심도 동백꽃 … 34
자화상 … 36

2부
당신의 이름까지 사랑해

봄이다 … 38
아무튼 찢어진 청바지 … 39
칼랑코에(칼란디바) … 40
벚꽃 바닷길 … 41
섬진강 매화 … 42
점 하나 있고 없고 … 44
그래도 봄은 오더라 … 45
외사랑 꽃 … 46
봄앓이 … 47
여름 넋두리 … 48
당신의 이름까지 사랑해 … 49
사랑의 품 바다로 가다 … 50
여름이 더위를 먹었다 … 52
소나기 … 53
노란 우산이 있었지 … 54
비밀의 정원 … 55
내 심장의 펜던트 … 56
이떤 결정 … 57
사랑은 … 58
그대는 비처럼 … 59

차례

3부
문득, 그리움

잊지는 마 … 62
모래톱 이야기 … 63
비와 그리움 … 64
꽃무릇 여인 … 65
시냇물 흐르듯이 … 66
빈티지 사랑, 그 애틋함 … 67
매운 사랑아 … 68
인연 가교 … 69
지평선에 그린 그리움 … 70
나는, 나는 … 72
가을 마중 … 73
문득, 그리움 … 74
가을 여행 … 75
꼬리연은 어디로 갔을까 … 76
기다린다고 말해줘요 … 78
담쟁이의 일기 … 79
낙엽 하나 우정 하나 … 80
그대를 사랑해 … 82
여백 … 83
만약에 … 84
가을에는 … 86

4부
자운영꽃을 아시나요

시월은 … 88
사랑은 계절을 다스려 … 90
아름다운 유죄 … 91
울 엄마 … 92
자운영꽃을 아시나요 … 94
졸네 … 96
연꽃 그 짧은 이야기 … 97
내 사랑의 소묘 … 98
너, 그거 아니 … 99
악연과 선연 … 100
막달의 뜨락 … 102
고드름 단상 … 104
양배추꽃 시를 짓다 … 105
마중 … 106
그리움 … 107
내 나이 미상 … 108
늘 바람은 불고 … 110
나만의 인생 … 111
어떤 약속 … 112
그대에게 … 113

차례

5부
달의 부활

오도카니 … 116
12월의 뒤안길에서 … 118
그러기로 했잖아 … 120
설날이 오면 … 121
겨울 덕유산에 올라 … 122
겨울 베란다에 대박이가 산다 … 124
눈 오는 날에 … 126
겨울 들꽃 앞에서 … 128
새해, 새 아침 … 130
얼음꽃 … 131
행복한 자리 … 132
연가 … 133
계절의 변덕에 춤을 추며 … 134
달의 부활 … 135
나의 별 네 개 … 136
그 무엇도 그리움을 못 지워 … 138
비밀 … 139
사랑의 법칙 … 140
커피처럼 … 142
밀랍 인형 … 143

1부
산수유 쿠데타

뱅뱅

봄꽃이 피었다 하니
그대 소식 곧 올 것만 같아

저 오솔길 걷자 할 것만 같아

꽃소식 흐드러지니
봄의 환청으로 오늘이 간다

뱅뱅, 뱅뱅, 봄이 오는 날

나의 파랑새

어김없이 몽글몽글 봄이래요

계절을 분양받은 봄의 땅
마음 밭에 바람 한 자락 불어오고

봄비는 나긋나긋 미소 담아
스리슬쩍 말을 건네 온답니다

가장 고운 마음과 생각으로
아름다운 봄의 수채화를 그릴까 해요

바야흐로 멋진 꽃 봄이니까요

나, 올봄에는 온화한 마음으로
작지만 사랑스러운 파랑새랑

꼬옥 곁에 두고 살 거예요

달무리 사랑

처음엔 그랬어

들꽃 씨앗처럼
마냥 여리고 작았어

나는 그랬어

잠깐만
웃었고, 울었고, 아팠어

그땐 그랬어

눈과 비바람 견디며
어느 한 날엔 꽃향기로

네가 그랬어

시린 우주 교교히 채운
아늑한 달무리로

그래, 그래

우리는 아름다운
인연이 되는 거라고

그 향기 그 빛
오직 우리 사랑이라고

그가 내게 일러준 대로

정말
꽃이 피고 달이 뜨던걸요

나 꽃이야

헝클어진 상념을 접어
한 올, 한 올 빗질을 했어

그리움의 씨를 뿌리고
널 위하여 꽃을 피우고 싶어

오늘은 그대 눈가에
은은한 미소가 물결치고

잔잔한 마음의 식탁에서
행복한 맛에 취할 수 있도록

동백꽃 연인

얼마나
아프고 시린 사랑이었길래

뎅그렁뎅그렁 모가지 떨구며
절정을 내려놓는 심장의 고동
지고도 그토록 곱고 붉으니
긴 긴 날이 고고한 동백이어라

행여 하얗게 잊혀질까 봐
못다 한 이야기 많은 거죠

어루만져 주는 마음으로
떨어진 꽃 두고두고 보리라
말갛게 송이송이 꽃피워서
그 자리 피었다 지는 동백처럼

넌 내꺼
그대는 나의 마지막 사랑이어라

봄밤

복사꽃 가지 사이
하얀 달이 나들이 하는 밤

그날의 사연들이
굳은 딱정이로 눌어붙어
새겨진 점 하나 아직도
떼어내지 못하고

어쩌자고 지독하게
그리움이라 이름하고 있나

복사꽃이 호출한 그리움
이 밤은 신열의 진통 소리로
봄밤 둔덕에 진한 아우성에
애먼 복사꽃이 지고 있다

목련이 피는데

변두리 쪽방 같은 내 마음에
언젠가부터 그리움이 쌓였습니다

꽃바람처럼 만개하는 그 그리움
목련 나무 아래 찬 가슴으로 섭니다

버려도 될 후줄근한 그날의 추억
혼절하다 깨어난 아득한 그리움이
하얀 목련 같아 꽃등을 밝히는데

함부로 앞세우는 짧은 이별의 노래
찰라 후둑후둑 멍이 든 낙화의 비애

이제, 더는 목련과 인연을 맺는 것도
대책 없이 얽매임도 않으렵니다

하얗게 꽃 피었다 가엾이 진다 해도
끝내 놋 잊어 영혼마저 아프니까요

우수에 부는 바람

얼음
비 되어 오는 날 우수라지요

우리는 늘
아파서 울기도 하고 때론
기뻐서 울기도 한답니다

어느 사람의
빨간 입술 위 반짝하는
의미 없는 눈의 눈물보다는

어떤 누구의
부르튼 입술로 말 없는
가슴의 눈물이 더 아름다워요

우수
우수수 음 이탈 바람이 분다

오가는 계절에

입춘이란 말 한마디에
겨울이 무릎 꿇고 자세를 낮추었어

그렇게 도도하고 쌀쌀맞더니
너 또한 별수가 없었나 보다

그럼, 그렇지요
세월 앞에 장사가 없다 하였잖아요

믿어요, 박수 칠 때 떠나라는 말

자연의 이치에 순응하고
만사 섭리에 따라 오고 가야겠지요

마지막 한 줌까지 사랑하는
애틋함이야 이루 말할 수 없지만

오는 계절에 가는 계절에
행복 하자, 노을빛 걸린 동행 길에

부탁입니다

차가운 눈바람 불다가
겨울의 긴 부리는 순해졌는데

그대 오시는 길 그리 험한가요

혹여 어디에서 길을 잃어
어느 낯선 길로 가고 있나요

새벽길 온통 설화가 피어나
바람의 언덕배기를 덮었나요

푸른 대숲 사잇길 수두룩

노랑별 우수수 떨어졌다고
문자 한 줄 보내 주지 그랬을까요

그대 사랑에 갇힌 그리움마저
잊은 건 아니신지요

잊지는 말아 달라고
이 말 하나는 꼭 부탁입니다

세월의 흔적

너는
지금 어디로 가는가

어떤 의미도
어떤 내색도
아무런 이야기도 없이

떠나가야만 하는 건가

꽃 피고 새 우는 인생
그리 짧게 사랑함에

너의 마음 아프지 않은가

신호등 없는 세월아

어떤 고해도
어떤 느낌도
뿌연 새벽안개 흩어지네

너는 어디로 흘러가는가

너는
너의 이름으로
나에게 무엇을 남겼는가

산수유 쿠데타

겨울이 건넌 햇살 언덕배기

돌무덤 사이 황새냉이가
푸른 날개 펼치고 웃고 있어요

산수유 가지마다 차지한
연두색 둥근 주머니가 아찔해요

노오란 옥수수 여문 총알을
타닥 탁 쏘려는 모습에 반해요

뭐가하고 일제히 고개를 내밀어요

쏘아진 꽃 탄알에 맞아 지독한
첫사랑 신열처럼 아프다 해도

까무러치게 나는 행복하리니
인생은 너무너무 아름다운 거예요

기꺼이 가슴을 내어 주겠어요

말랑말랑한 사랑

저리도 엉겨 붙은
앙상한 겨울 자락
더욱 길어지려 한다하여도

저기 우짖는 바람 이기고
가지 끝을 매달리는 홍시

말랑말랑 매만지는 마음

지평선을 타고 별빛 따라
내게 와준 마지막 인연

예쁜 감꽃 후훅 진 자리
봄물처럼 말간 협곡의 향기
홍시 닮은 그대여

손잡고 겨울 강 건너보자

우리 말랑말링한 사랑 한다면
그깟, 찬 겨울도 따스하리라

홍매 춘정

홍매화
난리 통에
마음 들뜬 여인네

바람의
시샘 사랑
치맛자락 날린다

바람아
홍매의 춘정
눈 한 번만 감아라

봄

봄

한 뼘의 땅에도

푸릇한 미소랑

사랑스레 온 너

봄은 사랑인가 봐

봄

봄비의 노래

봄비는 언제나 그리운 노래

맑은 유리 주전자에 살아온
연한 찻물의 음표 소리 닮았어

연두의 풀씨들이 들판에서
색실을 풀어 놓는 보드레 소리

아니,
비밀스레 오는 연인들의 은은한
속삭임일 거라고 말해야겠다

봄비가 동글동글 다가오고
빼꼼히 그리움도 순을 돋우니

나는 노랗게 귀를 열고 기다릴게

이른 봄비, 봄비 노래 들린다
봄비 닮은 그대가 몹시 그립다

어설픈 봄에

세상에나
벌써 꽃 봄이라니요
게으름과 발끈한 소심 부끄럽게요

이미 세상은
심오한 연둣빛 풀기가 흐르고
조르륵조르륵
얼음 눈곱 떼주는 냇강 물소리

헤실거리며 오르는
무채색 아지랑이 춤사위
묵정밭 배춧속은
노랑 꽃망울이 꿈틀거리는걸요

눈을 감아도 그대 모습 보이네요

특별하게 사랑할게요
사랑스러운 어섵픈 봄에

둘이서

둘이
도란도란
웃으며 가는 길

사랑을 꿈꾸는 중
둘이라서 좋아

사랑
사랑 나란히
봄 마중 가는 길

산 너머 남촌으로
꽃 마중 가요

봄맞이

꽃향기 안고 봄이 오네요
좋은 일이 생길 것 같아요

예까지 오는 길 험난해
상처도 있었겠지요

사랑의 눈물이 많아서
봄은 더 향기로울 거에요

혼자도 좋지만 여럿이서
달려가서 안아줄게요

고운 사람 손 마주하고
착한 봄을 사랑할래요

지심도 동백꽃

하얀 눈 내리는 지심도에
빨간 동백꽃 빛이 오르면

아직도 심장이 떨려 와

무심히 툭 흘려 놓아버린
시답잖은 고백의 말에도
야른야른한 입술로 대답하던

내겐 깊은 의미로 다가왔어

조붉조불 동동 동박새 입맞춤
지심도 동백꽃 눈밭에 지는 날
다시 처음으로 되돌아가자

모두가 거짓말처럼 그렇게

그 한 사람 못 볼까 봐
그리움 매달아 놓은 마음
영원한 사랑 순애보 꽃

사랑의 무게 투둑 지고 있다

자화상

오늘도 그리다가
지우기를 반복하는 나의 자화상

이 밤도 이렇게
두 손을 모아 간절히 기도합니다

월동을 끝낸 봄
붉디붉은 입술로 대답이 있을런지요

호수 속으로 먼저 간
너의 속삭임은 일렁이기만 합니다

2부
당신의 이름까지 사랑해

봄이다

포로롱

나비 한 마리
날아오르고

까르르

귀여운 애기가
웃어주었다

따라

꽃이 피어나고
나도 웃는다

아무튼 찢어진 청바지

그즈음 기억의 빛깔이 낡은
벽대기에 걸린 채 가무스름해

가슴에 잊히지 않고 합성된
선명한 무채색 아날로그 풍경

낭만을 알고 즐기며 좋아서 입었는데

달려간 보고픔 곁에 서성이던 걱정
얘야 멀쩡한 옷 놔두고 왜 그리
다 찢어진 바지를 입어 감기들라

집으로 와 세탁기 돌리려다 보았네
호주머니에 꽂힌 엄마 돈 노랑 두 장

또 찢어진 청바지 산 줄 모르셨지요

너그럽게 웃는 저 별, 우리 엄마별

칼랑코에 (칼란디바)

베란다 절반은
몽땅 꽃밭이라지

총총총 샛별이 쉬는 곳
콩닥콩닥 사랑스러운 칼랑코에

내 속엔 꽃잎만큼 그리운 그대 있어

애틋한 전설 하나 갖진 않아도
계절 따위나 장소에 연연치 않고
그대 미소처럼 꽃말도 상큼해

그리 피고 또 오래 머무는 의미는

두근두근 그 마음 지속되라고
우리 사이 잊힘 없이 살라고
서로를 오래도록 바라보라고

오, 나의 사랑, 나의 인생
나의 봄, 설렘이어라

벚꽃 바닷길

봄을 앓는 사춘기 파도
바다 가장자리로 몰려와
철없이 발길질 해댔겠지요

지나가는 햇살과 바람
껄렁이는 거친 파도를 베고

잔뜩 부푼 가슴
잔 솜 보푸라기처럼 매만져
벚나무에 얹어 놓았을 테고요

벚꽃이 무너질 듯 핀 하얀 날
바다는 모처럼 고요했습니다

섬진강 매화

꽃바람에 제동이 안 걸려
광양으로 간 친구야

섬진강 물줄기 타고 핀
첫 몽울 아픈 홍매화

소학정 백매화 청매화가
섬섬히 연이어 온 꽃 대궐

얼마나 이쁘고 고매할꼬

오후 두 시 깨톡 소리로
침묵의 귓바퀴 경쾌하네

매화 마을 꽃소식 가득 싣고
깨톡깨톡 깨톡깨톡

어라, 어쩐다니

내 마음도 꽃바람 났어
수런거려 아무것도 못 하겠네

점 하나 있고 없고

벚꽃

벚꽃으로 써놓으면
고운 벗 찾아올까요

홍매

홍매라고 불러주면
우리 님 노래할까요

오너라, 불러라

벚꽃 같은 나의 벗이여
홍매 같은 나의 님이여

그래도 봄은 오더라

가기는
아주 가지는 않았구나

바람의 유혹에도
눈보라의 시샘에도
이구동성 이간질에도

어느 날부터
찬 바람은 불지 않았고
푸근한 흙 가슴 젖이 오르고

그래, 그래
푸릇한 미소로 봄이 오더라

외사랑 꽃

끝내 고백도 못한 채
가시만 키우고

하루는 몹시 더디었고
나의 독백은 길었지

올봄엔
혼자가 아닐 텐데

올봄에는 괜스레
혼자 울지 않을 텐데

심장에 붉게 피어나서
마음 밭에 사는 꽃

봄앓이

봄이 아프다

이렇게 시린 통증
관절마다 삐긋거리고

고개 내밀다 만 저 여린
분홍빛 매화는 또 어떡하니

너의 그 고운 꿈은 다시 시작하자

따르는 사랑의 순종 길
미덥잖은 마음 벗어버리고

때 없이 눈은 내려 쌓여도
보란 듯 더 붉게 피어나리라

봄앓이, 사랑앓이

여름 넋두리

푸념이
판을 친다

목마름
갈증으로
오는 넋두리

휑하니
바람도 없는
비어버린 적막

벋어더지
오후 뜨겁다

당신의 이름까지 사랑해

꽃이 아무리 예쁘고
향기가 은은하다 하여도

아무려면
꽃이라는 글자에서 향기가 날까요

그런데 놀랍지요
당신이라는 이름을 쓰는 순간부터

사랑의 환희가 느껴지고
아름다운 향기가 난다는 것을요

당신을 당신을
사랑해요, 사랑합니다

사랑의 품 바다로 가다

달이 차고 가슴이 부푼 날
내 사랑의 품 찾아 나서리라

나는 작은 냇물이라
그대는 넓은 바다였어라

하늘이 점지한 인연
기꺼이 나 그대 품으로 가리

목 타는 갈증의 여름에는
부르튼 입술에 순애보 음표 달고
바위틈, 모래 틈으로 먼 여정을

질식할 것 같은 추운 겨울엔
그리움의 낱말들 더하고, 곱하며
멈추어진 시간에도 긴 기다림을

오늘도 작은 발걸음 하나
내일은 더 큰 걸음으로 또박또박

넓은 가슴으로 뜨겁게 안아줄
내 사랑 그대 푸른 바다로 가리

가까이 더 가까이 나는 시냇물

여름이 더위를 먹었다

수수방관을 하고
한바탕 바람이 지나가고
아직도 모진 여름이 사는 열대야

꾸역꾸역 동여맨
알량한 자존심 따위는
던져버리고 가면을 벗어버리자

더우면 더운 대로
사랑하면 사랑하는 대로
지지고 볶고 살 일이 뭐가 있겠어

여름이니 더운 거지
마음의 상처 치유를 하며
훌훌 잔 옷가지 벗어버리고 살자

소나기

우수수
바람이 지나가고

여름이 골목길을 배회한다

후드득

새로 사 입은 청바지 외출 길

쏴아아
소나기 지나간다

난 널 원망하지 않았다

노란 우산이 있었지

밍밍하던 여름 하늘이 무단시
낮에도 어둠이 밀물로 오기도 하지

우르 우르릉 지구가 변명을 하고
구르릉 콰앙 하늘이 분노를 하듯이

무뢰한 난봉꾼의 술주정 시작처럼
갈팡질팡 엇갈리는 소나기 발걸음
금세 아스팔트 위로 파도가 춤춘다

어쩌나, 큰일이다, 여름이 주는 난장
빈손의 그 사람 아직 오지 않았는데

무릎 감아 안고 기다리는 실어증
용수철처럼 퉁겨진 가슴이 일러준
노란 우산 하나가 터미널을 나선다

비밀의 정원

나만이 간직한
내 작은 꽃밭에 함부로
들어오지 마세요

더러는 거들먹
거리는 바람을 따라
갖은 핑계를 만들어
꺾지도 말아요

쉿,
아무 말도 필요 없어요

사랑 꽃 곱게 피워
잔치 벌인 꽃 대궐에서
그대 맞을 거예요

내 심장의 펜던트

내가 사랑하는 사람 그대여

나의 붉은 심장 펜던트에
그대 이름 석 자 새겼습니다

어떤 고난에도 지울 수 없는
어떠한 유혹에도 변하지 않을

참사랑의 증표로 새겼답니다

어떤 결정

하루, 한날, 함께 꽃 피우기로 해도
막상 꽃들의 생각은 다르던걸요

동시에 떨어지는 빗방울도 그래요

마른 잎에 또르륵 구르는 빗방울은
연둣빛 풀잎 수채화를 그려낼 때
고대하던 은혜의 단물이 되겠지만

아스팔트 위에서는 아픔만 있고
아무 의미도 없이 소멸하던걸요

같은 물의 운명이라 하여도
전혀 다르다는 것을 알게 되었어요

사랑을 결정할 때도 신중해야 해요

사랑은

당신이
작은 들꽃이라면
나는 빨간 꽃삽을 버리고
똑같은 색깔 꽃으로 피어날 테야

당신이
쿨럭이는 빗물이라면
창 넓은 우산을 던져버리고
댓잎 숲에 앉아 꺼이꺼이 울어버릴래

당신이
거리의 찬바람이라면
하얀 등 돌려 바람을 안고
어느 방랑의 길도 같이 갈 테야

그대는 비처럼

문풍지 없는
밤이 덜컹거리고 있어요

요 며칠 사이 밤마다
까만 어둠의 틈을 비집고
찾아드는 그대는 누구인가요

하루라는 시간의 절반
밤으로만 느끼는 소리 없는 지문

푸른 나뭇가지 사이로
햇살이 문안 인사도 오기 전
변명도 없이 또 혼자 가나요

그대는 비처럼 가시나요
그대는 비였던가요

3부
문득, 그리움

잊지는 마

계곡을
흐르는 물
가는 길 울지는 마

이정표 없다 해도
방황 길 헤매진 마

바다가
고향이라는
너의 본향 잊지 마

모래톱 이야기

후드득 떨어진 뭇별과
바람과 물결이 모여 앉은 자리

하얗게 씻어 널린 모래톱

은빛 소라껍데기 하나 밀려와 누운
쓸쓸한 모래톱 위에

"널 사랑해" 오도카니 새겨놓고

오고 가는 허연 물거품처럼
허무하게 흩어지기 전
나의, 나의 못난 자아는

왔던 길 소심하게 돌아설 수밖에

주억거리는 바닷새 노을빛에
며을 가는 에메랄드빛 수평선

네 이름 석 자 걸어두고 간다

비와 그리움

고독한 이 가슴에
무단으로 찾아와
무작정 적셔놓고 가는
빗방울이 얄미워라

상념의 여백에
나만의 편지를 써요

하늘이시여
그 사람 보고 싶어요

창밖의 풀잎들은
장마에 머리 풀어 헤치고
이 가슴은 그리움에
쿨렁쿨렁 홍수가 난다

꽃무릇 여인

오래전에도 우리는
한 번 만난 적이 없던 거였어

아찔하게 연민의
흔적만 남기고 나서야
그리 사랑할 슬픈 운명을 알아

그리워 통곡하다 붉게 타올라
뜨겁게 억장이 무너진 꽃무릇

내가 가고 나서야
네가 온다는 걸 알아
가닥가닥 애절한 사연 안은 채

마음의 뒤안길로 화라락 화락
너도, 나도 비련의 인연인 거지

시냇물 흐르듯이

맑은 시냇물 푸른 바다 가는 길

예쁜 조약돌을 만나면
귀여운 물고기를 마주친다면

어루만지는 시간 얼마나 될까

가로막는 그 무엇이 있다 한들
막아도 멈출 수 없는 물결인걸

우리 사랑과 인생에 아프지 말자

묶어 둘 수도 잡을 수도 없어
시냇물의 숙명처럼 흘러가는 길

빈티지 사랑, 그 애틋함

풋사랑
그 시절엔 반짝이는 해사함이 좋았지

청춘 때 걸쳐준 오렌지색 목도리에
남은 그 향기 잊으려 오랜 세월 걸렸어

이제
방울방울 떨어지는 야윈 낙엽과
달빛 가루 숨어든 시든 물억새 보면

와락 안고 싶고 풍덩 빠지는 아픔이더라

늦은 사랑도 지금 아니면 안 될 것이라
인생이 저물었다고 사랑마저 쇠어질까요

사랑이 닳았다면 더욱 아끼면 될 것이고
마음에 실금이 생기지 않도록 신중하리

애틋한 빈티지 사랑
그 마지막 낡은 인연 그대 고귀합니다

매운 사랑아

오늘은
파란 대파 한 단 펼쳐놓고
진득한 눈물, 콧물 버무려
소쿠리 수북이 넘실 담았습니다

심장도 없고, 감정도 없을 거라
그러니까 말랑거릴 거라고

오래도록 괜한 오해를 했었어요

파, 팟
속을 비워내고도
푸르고 꿋꿋한 신전의 기둥처럼
그리 맵도록 뜨거운 가슴인데

긴 세월을 침묵했을 테니까요

간혹은
눈물 나도록 맵고 강렬하게
그런 뜨거운 사랑도 필요한걸요

인연 가고

하이얀 공백을 벗어버리고
인연의 사이를 잇자

정성으로 받쳐주고 받아주는
믿음과 사랑의 계단

진실과 간절함으로 담은 기도

부디 허물어지지 않기를
그래, 영원한 사랑으로 잇기를

저 꽃동산 바람 다리를 건너면
그곳엔 날 기다려 줄 그대

지평선에 그린 그리움

오래도록 팍팍하게 앓았던
붉은 고해의 바다를 건너와

망각의 경계선에 서 있어

낯선 바람에 들켜버린
구부러진 시선 하나

로즈메리 향기 속 연인들
흙 내음 분칠한 들고양이
붉은 노을 은빛 꼬리별
지평선 멀리 달아난 뒤

선하게 맞물리고 잇닿은
헐렁한 통로를 보았지

그 안에 사랑한다는 말을
슬그머니 끼워놓고는
밑줄 그어둔 푸른 지평선

녹슨 기차처럼 찬찬히
다가오는 저기 한 사람은

달려가야지 지평선으로

나는, 나는

나는
여유롭게 유영하는
흰 구름이고 싶어라

저 푸른 캔버스 위
내 마음 꼭꼭 눌러서
온몸으로 부딪는 붓칠
깨끗한 하늘에
네 얼굴 꼭 그리고 싶다

나는
일렁이다 구르는
하얀 파도이고 싶어라

저 하얀 도화지 위
내 사랑 고이 담아서
비뚤거리는 글씨나마
촉촉한 백사장에
네 이름 꾹꾹 쓰고 싶다

가을 마중

가을을 마중하러 왔어요

그리움의 파편마저 갈 빛 물들어
사방에 번져가는 와인의 향기

상큼 발랄하게 향기로 와요

가을을 사랑하지 않는다면
그건 사랑에 대한 죄입니다

너와 함께 마중하고 싶은 가을
온통 와인 향기가 흐릅니다

그대, 오늘 와인 한 잔 할까요

문득, 그리움

하나
티 없이 파란 하늘과
고운 색칠 시작하는 잎새

예쁜 것들과 좋은 것들을
보고 들어 마음 일렁일 때

하얀 뭉게구름 행복 여정 꿈을 꾼다

순간
네가 보고 싶은 걸 보니
그대 섭섭히 사랑 오나 봐

가장 먼저 떠 오르는 얼굴
일렁이는 그 무엇에 갇히고

문득, 오늘 너에게로 물들고 싶어

가을 여행

나는
심한 열병처럼 가을을 타지요

가는 곳을 정하지 않고 떠나는
무작정 여행이 좋아 동경도 하고요

산야마다 가을빛 걸어둔 이정표
그런 건 무시한 채 무심히 걷다가

간이역 묻어오는 가을바람에 누워
시 한 줄, 그리움 한 쪽 꺼내 먹곤 하지요

그대여
올가을 행선지는 그대 그리움입니다

꼬리연은 어디로 갔을까

가을을 흔들면서 파란 하늘로
예쁜 꼬리연 하나를 날린다

허공에 하얀 동그라미 그리고
붉고 긴 꼬리 살랑이며 빙그르르

날렵한 곡예사 되어 날아오른다

추임새 수작들에 분위기 식을 때
작은 연 물고 사라진 강바람 부스러기

끊어진 연줄 하나에 심장이 아프다

겨우 속 눈썹 떠받쳐 바라본 허공
멀어져간 꼬리연 빈 얼레만 덩그러니

변수는 상황에 따라 도사리는 법

마음에 심은 우리의 고운 사랑까지
공연히 재확인하곤 벙그는 미소다

초저녁 떨어진 긴 꼬리 별똥별
혹시 웅크린 연 하나 보았을까요

기다린다고 말해줘요

바스락 갈잎 향기 뒤척이는 길
꼭 그대 오는 소리라고 기다려지네

괜히 설득하지 않아도 좋을 집착이야

그리 지지리도 못난 보고픔이어도
아름다운 애착이라고 말해줘요

유독 가을에 느끼는 행복한 사랑은
아마도 난데없는 어색함은 아니야

차얗게 흩어져도 무더지지 않는다고

달빛 낙엽 밟고 기다린다고 말해줘요

담쟁이의 일기

붉은 가을이 기울어지는 날

금이 간 벽 속으로
허연 심지를 찔러넣고
치유에 몰두하여도

시름시름 또 하나 잎새는 떠나고

실타래 뿌려놓듯
밀착되는 기록들
낙서처럼 처연한 모습으로 남는다

덧없는 철칙
짓무른 끈 무심해
한여름 푸른 삶 추억을 보듬네

시절은 떠나고 남은 길 위에
곧 첫눈이 하얗게 내리겠구나

온통, 붉은 가을이 가고 있다

낙엽 하나 우정 하나

잃은 것, 얻은 것
수평을 따라 사느라고
고칠 새도 없이 그대로 간직하여

바삭바삭 풍금 소리 수분이 증발한 모습

삶의 여정 진동과 선율 세월에 맞춘
인생길 나그네 꽃동산 소풍 길이라지요

그래
늦으면 늦은 대로 느리면 느린 대로
맑은 물방울처럼 꽃잎처럼 살아 봐요

한 단어만 바뀌어도 시 전체가 변하듯
우리 마음 훅 바뀌면 지란지교 흔들려

바람아, 사람아
친구를 안아본 적 있는가
친구를 위하여 울어본 적 있는가

정녕 친구란 무엇으로 아름다운지요

그대를 사랑해

아름다운 가을인데
정말 고마운 가을인데

왜지

독하게 찔린 가시처럼 아파

그대 향한 사랑의 마음으로
보이지 않는 가시를 뽑아야지

이제

달빛처럼 따듯한 사람
밤하늘 별처럼 빛나는 사람

끊임없이 그대를 사랑해

여백

오늘
여기까지 쓰다 만 문장
마무리 못한 여백
좀 채워 주세요

다 거두지 못한 미련
나는 어떻게 해야 하나요

지금
여기까지 비어있는 가슴
채우지 못한 공간
좀 담아 주세요

늘 기다리기만 한 바람
가슴 졸이며 기다립니다

만약에

만약에 말이에요
우리 사랑이 어떤 거냐
그대가 물어 오는 날 있다면

뭐, 별거 아니지
그냥 말이야

순수하고 변하지 않는 마음
조금은 덤덤한 듯한데도
그리움으로 살아가는 것일 테지

야간은 미지근해도 오래두록
식지 않는 온유한 마음으로

여름 한 철 매미 소리 같은
달작지근 미사여구보다는
겨울 잠시 처마 고드름 닮아
녹아버리는 잠깐의 모습보다는

옛적 초가집 아궁이 군불처럼
가슴으로 데운 은은한 온기로
언제, 어디에서든 늘 따뜻하게
지켜보는 게 참사랑일 테지

그렇게 손 내밀어 봐요
그런 게 사랑이라 말해줄 거야

가을에는

그래요

그 어떤 상황이나 이유로든
누구나 가을은 그리움이라지요

그런 가을이, 그런 가을이니까
잊어야만 하는 일도 있어요

맞아요

휘청거리는 슬픈 기억 지워버리고
향기로운 사랑이라 말하기로 해요

알아요

진실한 마음 하나 인연을 알았으니
아찔한 기적의 사랑이라 말해요

쉽거나 짧거나 아픔 없는 날개 달고
행복한 사랑만을 할래요, 사랑이여

4부
자운영꽃을 아시나요

시월은

시월은 유독 그랬어

뜨문뜨문 세상이
멈추는 느낌이 든다든지

어딘가 헐렁하지만
한없이 아름다웠어 라고

사랑하는 그대와
시간의 결을 만지며
찬란한 가을을 노래하고

수많은 바람 속 찰나와 온도
그리움의 향기와 사랑의 고리

할 수만 있다면 서로에게
퍼 나르고 싶어 안달했어

누구는 사랑받기 위해 태어나고
어떤 누구는 별이 되었다는 시월
시린 시월이 흘러 멀어져 가지만

그대만은
내 곁에 영원한 계절이어라

사랑은 계절을 다스려

가을빛 소나타에 마음 깃 젖었다지요

너보다 내가 너를
더 사랑해 아마도
아마도 내가 너보다
더 많이 사랑해

옛날식 사랑의 각서도 써두었다지요
진즉에 가슴의 초점은 뜨거워졌다는 비밀

단풍잎 음률 타고
스며드는 사랑의 밀어
입술에, 가슴에 새긴
행복하다는 그 말

가을이 아름다운 건 이유가 있다지요

그렇지요
진실한 사랑은 계절마저 움직여

아름다운 유죄

파아란 하늘엔
감미로운 바람

별들의 꽃길에
싱그러운 물소리

여기 네가 있고
여기 내가 있어

이 모든 가짐은
이유 있는 사랑

행복의 형벌이라
아름다운 유죄래

울 엄마

하얗게 눈이 내리는 바람의 날

어린 나는 뜨끈한 아랫목에서
달콤한 고염을 먹고 있습니다

"나비야 메리야 부뚜막 위
 언니 운동화 건드리면 안 된다"

검은 고양이와 흰둥이 강아지에게
엄마는 미소로 엄포를 놓았지요

학교 가는 길 정말 따뜻했지요

문풍지 무섭게 쿨럭대는 밤
큰 고뿔 들새라 솜이불 살피시는
홀로 엄마의 밤이 하얗게 새우던 이유

사계를 전부 자식 걱정과 삶을 떼어
먹이시고 올곧게 잘 키워주신 사랑

찬바람 윙윙 오늘, 보고 싶다 엄마가
희생과 거룩함, 성모 닮은 우리 엄마

숭숭 뚫린 가슴을 갖고 살아도
절대로 퇴색하지 않는 엄마, 그리움

못내 그 사랑 사무치게 그립습니다

자운영꽃을 아시나요

자운영꽃 이름을 가진 미용실
나는 그리운 이름을 찾습니다

그리움이 모여서 핀다는 꽃
두근대는 기억이 별 무리처럼
총총 걸어오네요

잃어버렸던 추억 속 그 시절

자운영 꽃구름 속으로
살포시 걸으며 웃던 그 애
엄마 준다며 힌 움큼 꽃 꺾던 손

이제 와 다시금 생각해 보니

자운영꽃은 고왔던 그 친구를
많이도 닮아 있었어요

보라색을 좋아한다는 또래
자운영꽃 원장의 조용한 손놀림

어느덧 산뜻한 꽃밭이 된 단발

가만히 연보랏빛 자운영꽃
한 잎 또옥 따서 물어봅니다

좋네

늦가을이 떠나간
강을 보았어

무서리를 견딘
회한의 인생
보랏빛 쑥부쟁이 향기에 취하고

하얀 구름 실바람
햇살 좋은 날
내 마음 읽어줄 친구를 부르자

단박에 오겠다는
그 목소리 참 좋네

연꽃 그 짧은 이야기

나는 하얀 꽃구름 조각 베어 문
저물녘 붉어진 노을 꽃 한 송이

윤슬 밟고 온 새벽별 이야기 엮어
나만의 그대에게 고운 노래하리라

깊은 수렁에서도 나 이제 이렇게
딱 한 번 짧게라도 핀 단아한 연꽃

수면 위 고요히 발그레한 꽃송이와
진흙 속 기다림에 숭숭 뚫린 발바닥

그대에게 아낌없이 나 모두 드리리

내 사랑의 소모

사랑이라는 밑그림에
느낌이나 생각이
아름다운 선(善)이라면

진실한 믿음의 윤곽은
쉽게 무너지지 않는다

거추장스러운 채색
시각적인 사랑
그런 진부한 사랑은 싫어

내게는 나신처럼 낯설어
진실한 낱말만 찾을래

너, 그거 아니

너, 그거 아니

겨울 바다가 얼지 않는 건
외로운가 봐, 슬픈가 봐
울고 있는 거래

기암절벽에 부딪히면서
처절히 뱉는 울부짖음으로

너, 그거 아니

겨울 백사장에 올라온 포말
하얀 눈밭에 그리움 새긴
쓸쓸한 물보라

겨울 바다도 아픈 거래
긁힌 상처에 뒹구는 몸부림

만종의 종소리가 들려온다

악연과 선연

산언저리
앙숙 같은 관계
속박하고 머리채를 잡아 뒤틀고

사력을 다하는 나무와 넝쿨
묶인 사슬은 풀지 못한 수수께끼

공생인가
기생인가
숙명인가

하늘 아래 무엇을 얻기 위해
저리 앙칼지게 시근대는 걸까

갈등인가
개입인가
동행인가

지쳐가는
처절한 몸부림으로
부르짖어야 하는 인연이었나

아프다, 많이 아프다
뒤엉켜 풀지 못한 삶의 자락이

막달의 뜨락

조용히 너를 생각하면서

달력 한 장 만지작거렸어
펼쳐본 빈손에 머무는 온기

등 뒤에서 낙조는 출렁거렸지

무성했던 정
새겨진 이름 하나 있어

덜컹거리는 감성의 자락
마지막 기차에 오르는 부고픔

눈 쌓이는 산막으로 들었으면

네가 좋아하는 유자 향 묻은
그리움 타고 도는 바람의 촉수

고운 별 하나 줍고
네 얼굴 살포시 부비고 싶어

12월 뜨락에 네와 난 따뜻하자

고드름 단상

초가 처마 고드름 하나
속절없이 울어 젖혀
쨍그랑 깨어지고

무너진 아팠던 그 연애인 양

향기 없는 꽃이 지듯이
떠날 때도 참 슬퍼 보이잖아

사랑의 의미는 물이 되자
투명한 이야기 희망이 되고
햇살 같은 사람으로 갓자

머잖아 미풍이 올 거라 하고

노랑나비 날갯짓에
노란 꽃이 필 거라고 뇌이며
그 꽃길 걷자고 쓴다

양배추꽃 시를 짓다

시리게 찬 겨울 모서리 잡고
담담하게 순리대로 살았지요

포개진 꽃묶음 신부의 부케 같아
폭신한 꽃방석 소담소담 꽃자리
제지 없는 그 빛으로 눈이 먼다 해도

아늑히 위로받으면 행복하잖아요

멍과 상처라는 음표 버린 것
그리 결정하기를 참 잘했어요

눈 속에 파묻어 둔 이야기들
몽글몽글 오색 빛 풀어놓고
의도 있는 황량한 거리에 던진 시어

그대의 겨울 시는 더 따뜻하겠지요
마음의 새순도 꼬물거릴까요

마중

오늘을 가만 생각하자

그 굳은 껍질 깨뜨리고
봄은 힘겹게 찾아오겠지

약함이 강함을 뚫고
느림이 빠름을 앞서고
다윗이 골리앗을 이겼다

새싹은 허리를 펴며
잎이 나고 꽃을 피워서
화려한 전리품을 남길 거야

오늘은 흰 눈이 내리고
차가운 이 겨울 건너면

오는 너를 뜨겁게 맞으리

그리움

하늘에서 눈이 내린다는데

하얗게

이내 눈은 비가 되어 내리고

벗어놓은 신발 젖어 버리네

난 이미

그대에게 다 젖어버렸는데

내 나이 미상

늘 11월은 곡선이 없어서
12월을 향해 부드럽게 흐르더라

나잇값을 얹고 저울질하다가
박제된 아미 주름에 위축되곤 하지

뭣도 모르고 발악한 아집도
당연한 듯 그 무게에도 당당했는데
부끄러운 인생은 용납이 안 돼도
분명 나이 든 티는 은연 있었을 것

시도 노래도 기억에서 주억거려
돛대의 뇌는 그리 방향을 튼다면
그렇게 마음이 허락하는 대로
촌스럽고 부끄러운 시를
노상 끄적인 건 분명 해

사람아

그래도 내 모습은 사람의 향기로
확실하게 살고 있잖아
주책맞게 어긋나지는 않잖아
내 나이 절대로 무색하지 않게

늘 바람은 불고

내가 부르는
콧노래 한 소절은
지난날의 추억을 찾아
그대를 그리는 마음이었어요

나도 모르게
무심하게 내뱉는
한숨 소리마저도
그대는 듣고 있었을 테지요

그래서 그날
그대 행복하냐고
물어보았던 그 말
그대의 진심을 알고 싶었지요

늘 바람은 불고
언뜻 눈을 들어
바라보는 하늘 저 끝
그대가 거기 있으리라 믿어요

나만의 인생

문득, 사용처가 없어진
어지러운 생각들이 교차하고

두고 온 시간을 수습하지
못한 마음이 자꾸만 흔들릴 때

어쩌면 그건 오점이 아닌
소중한 경험 하나 얻은 거라지

즐거운 소란스러움이란 이런 것

저기 저 아름다운 봄꽃처럼
우리도 꽃을 피우면 되는 거야

지금의 용기와 사랑만 있으면

얼마나 멋진 모습의 인생인지
세월이 흐를수록 느낄 거니까

어떤 약속

남겨진 바람의 꼬리가
발치에 이르러 맴을 돌다가
가만히 귀엣말로 속삭입니다

그동안
많이 좋아하고
몰래 사랑했었다며
저만치 뜀박질로 사라집니다

가던 길 뒤돌아 다시 한번
보고 싶어
또 오겠다고
비명 같은 약속 떠나갑니다

정말요
기다리면 또 오기나 할까요

그대에게

마음이
부딪히는
오늘을 어이해요

가슴이
쉴 수 있는
그대 찾아 갈래요

언제나
언제까지나
내 마음 그대에게

5부
달의 부활

오도카니

거리마다 찬바람
어지러운 물억새
시름 대는 쑥부쟁이
낙엽이 진다하네

그렇다고 짊어지고 가려고는 하지 마

부질없음이라
모두 다 내려놓아도 돼

떠난 길 오도카니
엽서 한 장 띄우는 날
지혜롭게 비운 자리
이름 달아 놓으니

그대여 살포시 입동이랍니다

절대적인 그리움
사랑이 오는 거지요
백금처럼 반짝이는
저 강물 건너오면은

하얗게 부활하여 겨울꽃이 피겠지요

12월의 뒤안길에서

묵묵히 마음의 지경을 넓혀 주는
12월의 뒤안길은 끝이 아닌
봄바람 닮은 사랑의 시작입니다

미혹의 어지러움과 모난 것에 대하여
파초처럼 물처럼 바람처럼
삼백예순다섯 날 뜨겁게 살았습니다

심장이 침묵을 좋아한 독백의 시간

누가 읽지도 않을 하찮은 시를 쓰고도
괜스레 속절없이 행복이 꼼지락거려
깨꽃같이 함초롬히 웃기도 했지요

12월의 끝자락 가장 깨끗한 마음으로
작은 촛불 하나 불 밝히려 합니다

그윽한 제야의 종소리도 기다립니다

자, 우리 함께 사랑 넘치는 새해로
가까이 더 다정하게 손잡고 가요

그러기로 했잖아

우리 그러기로 했었지

기쁠 때 고운 소리로 노래하고
사랑할 수 있을 때 더 사랑하고
아플 때 먼저 따뜻이 안아주자고

보고 싶을 때 더러는 인내하고
혹여 다투어도 일탈하지 말자고

이름 모를 바람에 꺾이면 안 된다
불꽃에 담은 언약 잊지 말자고
가슴 덮은 불씨 꺼지지 않도록

우리 그러기로 했으니까

우리 그러기로 했잖아

설날이 오면

새해
설날이 오면

진하고 진하여 끈끈한
뿌리와 뿌리가 넝쿨로 모여

화목한 정 어우렁더우렁

설날이 오면
곱게 차려입은 손주들
꼼지락 재롱에 무한한 사랑, 기쁨

단아한 신사임당님
일 순위 달리시고
우리는 축복 상 받는다, 하하 호호

빛의 속도로 별이 되신 우리 엄마

동백꽃처럼 붉게 웃으시리라
오늘은

겨울 덕유산에 올라

모두를 다 내어준 주목

그림 같은 풍경 펼쳐진
황홀의 극치 설국이어라

아름다운 상고대 앞에서
나 결백하다는 말밖에

세상 만고의 허심을
저리 멋지고 순백하게
용서하고 사랑하고 있어

얼굴 내밀고 멈칫 푸른
조릿대 잎 사랑스럽고

자분하게 겨울 덕유산이
마음으로 들어서는 건

결코 남루하다거나
요란하지 않은 덕스러움

설화라 이름 지은 그대여

지금, 그 어느 곳
능선을 지나가고 있는가

겨울 베란다에 대박이가 산다

한날 겨울 흙이 풀기를 머금더니
푸르스름 싹이 돋고 키가 큰다

창문을 여니 펑펑 흰 눈이 오는데

별수 없이 너도 계절을 잃어버린
멍청한 짓하는 그런 애일 거라

아니었네
줄기는 무럭무럭 자라나더니
어느 날 꽃까지 피우는 거 있지

어라, 어라
몽우리가 맺히고 날 어리둥절 시키고
무슨 한겨울 베란다에서 살겠다 하네

나날이 몸집을 부풀리더니 어엿한
겨울 토마토로 자태를 뽐내더라

나름, 곁눈질로 무슨 짓 하나 봤더니
저도 흘금흘금 날 훔쳐보던 녀석

저런 속물이
반반한 얼굴에 홍조를 띠나 했더니
오늘은 온통 붉게 물든 배를 내민다

대박이 난 거지요

음력 섣달에 싱그러운 토마토 미소
겨울 베란다에 대박이가 살아요

하여 나의 겨울은 행복이랍니다

눈 오는 날에

사랑하는 사람아

소복소복 눈 내리는 날
우리 기쁘게 만나요

너무 많은 이야기
너무 장황한 표현
잘해주려는 마음으로

그리 걱정하지 말아요

사랑은 분량이 아니니까
그런 의식의 마디들은
까무룩 잊기로 해요

눈 내리는 소리처럼
하얀 꽃잎 피어나듯이
소곤소곤 말하고

사랑스레 스며들면 돼요

그립고 보고픈 사람아
우리는 숙명의 연인

저 한 그루 그루터기처럼
하얗게 덩그러니 서 있을
그대, 지금 달려갑니다

와락 안기고 싶습니다

겨울 들꽃 앞에서

겨울 들판은 외롭지 않아

찬바람에
꼭지 떨군 낮달과
마을 아이들과
소먹이 마시멜로와

숨결 낮은 여정의 들꽃 피어
청빈하거나 외롭지는 않아

찰랑찰랑
흔들리는 삶에도
거짓 없는 소박한 마음 하나

요란하지 않게 피고 지는 일

하마터면
무심히 지나쳐 알아채지 못하고
진솔한 꽃 마음을 모를 뻔했어

소유의 틀을 벗은
겨울 들꽃 매만지며

찬란한 사랑을 동경하리라

새해, 새 아침

두둥, 붉게 떠오르는 아침 해
새로운 삼백예순다섯 날의
새 아침 첫 선물 벅차오릅니다

새해 성스러운 기도로
사랑할 수 있는 소망을 얻어요

희망은 절망을 이기고
기쁨은 슬픔을 만진다 하지만

매화꽃, 복사꽃, 봄빛 먹어도
모두 다 열매가 되는 건 아니래요

많이 기억하는 것보다
잊는 게 더 중요한 지혜라지요

나 가장 뜨거운 심장의 주인공으로
세월을 두껍게 칠한 간이역에서
내 하나의 사람과 새해를 맞을래요

얼음꽃

꽁꽁 얼려서라도
겹겹이 그리움 묶어

하얀 겨울 이야기
붙잡아 두고 싶었어

훨훨 새처럼 아주 멀리
날아갈까 봐

얼음이 물고 있는 꽃잎
흐드러지는 환희와 사랑

불현듯 해빙이 오면
어쩌나, 어쩌나

행복한 자리

좁으면 어때요
낮아도 괜찮아요
거친 곳도 좋은걸요

넓고 높은 자리
잘 다듬은 자리

오히려 나에겐 너무
어울리지 않아요

우리 둘 사랑이면
이는 자리에서도
꽃이고 행복인걸요

연가

예기치 않은 바람
그 바람 한 줄기 불어온다

꽃은 피었다 지고
하 많은 세월이 흐르고 난 뒤

간간이 지나가는 바람
그 바람은 바람이 아니었음을

가슴에 진득이 숨어 살은 향기
철딱서니 없던 그날이 아니었기에
가슴 가득 짙은 향으로 남았을 터

어느 한 날 갑자기
유성처럼 훅 가슴으로 몰아친 너

유독 빛나는 별 하나 바라보며
바람결에 나의 노래 불러본다

계절의 변덕에 춤을 추며

꽃이 핀다 하고
소곤거리는 속삭임
감미로운 발라드가 들리는 듯

비가 오는 날에는
조금은 끈적거리는
블루스 곡을 듣고 싶단 여름밤

항상 마음 두드리는 계절의 방문은
소나기든 함박눈이던 똑같은 세월

단풍이 진다며
실없이 눈물 훔치곤
청승스러운 트로트를 부르다가

자꾸만 눈은 내리고
마음 들뜨게 하는 밤
재즈의 선율이 생각난다는 너

달의 부활

이 밤 내 그림자 따라갑니다

까만 하늘 빛나는 눈동자
호젓한 밤길을 밝혀주었지요

하필이면 왜 나인가요
부족한 나를 따라오시나요

언제쯤 터놓고 그 깊은
숨긴 이야기 들을 수 있을까요

저만치 선 수은등 불빛
오늘따라 유독 따듯해 보여요

혼자만 갖는 이 행복, 나 웃어요

나의 별 네 개

넌 어느 별에서 온 거니

별 하나
보석처럼 영롱하다
오백 살까지 살아달라는
애원을 하는 미래 과학자 주한 왕자 별

별 두울
반듯하고 영특하다
옆에서 할머니를 지킨다고
경찰이 된다는 정의의 사도 도율 신사 별

별 세엣
두 손 모아 기도한다
할머니 주름살 책임진다며
간절한 기도 의사를 꿈꾸는 단아 귀요미 별

별 네엣
방글방글 피어난다
아이돌 되어 즐겁게 해 준다는
폭풍 같은 애교 행복 주는 다인 공주 별

나에겐
가슴 가득 고운 별 네 개 있어

그 무엇도 그리움을 못 지워

아슴히 달빛도 추운 밤

사분사분 부피를 더한 눈더미
하얗게 아침 세상을 덮었지만

사라지는 건 아주 쉽고
남는 건 어떤 부유물뿐이지

나의 겨울은 격렬하게 따뜻해

세월과 시간을 초월한 선택
그대 향한 그리움은 불멸이기에

오늘도 습관처럼 바람에 매달려
하얀 눈밭을 밟고 나 그대에게로

오직 내게 유예된 사랑이여

절절히 따끔거리는 행복인 게야
오, 위대하고 아름다운 사랑아

비밀

나 혼자만이
간직하는 비밀 하나 있어

내 가슴에 꼭꼭 숨겨 놓았지

그리워질 때
보고파질 때

한 번씩 살그머니 꺼내보는

나 혼자만의
보물 같은 사랑 하나 있어

사랑의 법칙

사랑은 공생이야

그 누구를 사랑하고
그 누굴 미워하고 돌아서겠나

저 넓은 하늘 종착역이
어딘지 모르지만

저것 봐
바람과 흰 구름, 먹구름

사랑의 힘
사랑으로 함께 가는 거야

지금은 매우 작고 서툴지만
언젠가는 따듯한 단비를 만들지

사랑의 법칙
하나하나 배워가는 거야

그리 함께라는 것을

커피처럼

커피잔 앞에 앉아서

출렁이는 그대 생각에
한참을 그냥 있었어요

뜨거울 때나 차가울 때나
쓰거나 달달할 때에도
밀물처럼 달려오는 보고픔

그대는 나의 전지적 그리움

언제나 커피를 대하듯
사랑하는 그대가
선홍빛 입술로 두 손에
가장 가까운 곳에 있다면

하, 얼마나 좋을까요

밀랍 인형

나 이미 당신께 내 성결한
마음을 모두 드렸습니다

다시 태어난 나의 모습은
당신의 고운 손길에 익숙한
당신이 주신 사랑입니다

미소와 멋짐과 반짝임의
하얀 눈사람이 되었습니다

당신의 마음 작은 서랍 속
녹지 않는 작고 사랑스러운
밀랍 인형이 되고 싶습니다

당신 가슴에 남아 있을래요

이월호 제2시집

초판 발행일　2024년 3월 29일

　　지은이　이월호

　　펴낸이　양상구
　웹디자인　김초롱
　　펴낸곳　도서출판 채운재
　　　주소　우) 01314 서울시 도봉구 시루봉로 15라길 38-39 301호
　　　전화　02-704-3301
　　　팩스　02-2268-3910
　　H·P　010-5466-3911
　　E-mai　ysg8527@naver.com

　　　정가　12,000원
　　ISBN　979-11-92109-68-8(03810)

@ 이월호 2024

* 이 책은 저작권법에 따라 보호받는 저작물이므로 무단전재와 무단복제를 금지하며 이 책의 내용 전부 또는 일부를 이용하려면 반드시 저작권자와 도서출판 채운재의 동의를 받아야 합니다
* 파손 및 잘못된 책은 구입처에서 교환해 드립니다